LES ISRAÉLITES

ALGÉRIENS

ET LE

DÉCRET RÉORGANISATEUR

DE L'ALGÉRIE

PAR

G. FRÉGIER

Président du Tribunal de première instance de Sétif, Membre de
l'Académie de Législation de Toulouse.

CONSTANTINE

ALESSI & ARNOLET, LIBRAIRES-ÉDITEURS

1864

LES
ISRAÉLITES ALGÉRIENS

ET LE

DÉCRET RÉORGANISATEUR

DE L'ALGÉRIE

Constantine. — Typ.-Lith. ALESSI ET ARNOLET.

XXXII

LES ISRAÉLITES

ALGÉRIENS

ET LE

DÉCRET RÉORGANISATEUR

DE L'ALGÉRIE

PAR

G. FRÉGIER

Président du Tribunal de première instance de Sétif, Membre de
l'Académie de Législation de Toulouse.

CONSTANTINE

ALESSI & ARNOLET, LIBRAIRES-ÉDITEURS

1864

Ce qu'on va lire n'est, si je puis ainsi parler, qu'un des nombreux épis de vérité et de justice que j'ai, çà et là, recueillis dans les champs de l'Histoire et de la Législation, pour les déposer, en forme de gerbe, aux pieds des Israélites d'Algérie.

Puisse cet épi, quoique l'un des plus petits et des plus humbles, valoir aux yeux du *Jéhovah* des Juifs et du *Père* des Chrétiens, de ce Dieu « qui sonde les cœurs et les reins, » ce que valut « l'obole » de cette pauvre Veuve de l'Évangile, — plus précieuse par l'intention de celle qui la donna, que, par sa rareté, la plus belle des « perles » !

Sétif, 16 Août 1861.

C. FRÉGIER.

LES

ISRAÉLITES ALGÉRIENS

ET

LE DÉCRET RÉORGANISATEUR

DE L'ALGÉRIE

Arrivé à la seconde étape de notre route (1), faisons une halte de quelques instants, et profitons-en pour dire un mot du nouveau décret réorganisateur de l'Algérie.

Comme on s'y attendait, ce décret a, tout à la fois, soulevé d'amères critiques et excité d'ardentes sympathies.

Et cela devait être! Toute institution, toute organisation nouvelle, suscite ou déçoit bien des espérances, réalise ou heurte bien des prévisions, favorise ou froisse bien des intérêts, contrarie ou flatte bien des passions. Voyez, en effet, comme le Décret du 7 juillet est devenu un signe de contradiction!

(1) Ce travail est extrait d'un ouvrage in-8°, intitulé : *Les Juifs Algériens; leur passé, leur présent et leur avenir juridique*, qui est sous presse.

Aux yeux des uns, admirateurs sincères, mais enthousiastes, de tout ce qui est neuf ou paraît tel, il n'est rien de moins que le présage infaillible d'un prospère avenir ; aux yeux des autres, fanatiques aveugles d'un présent qui leur échappe sans retour, notre décret n'est que le triste symptôme d'une époque violente de transition, dont nul ne peut prévoir l'issue, et, — pour un trop grand nombre, que l'imprudent réveil d'un passé qu'il eut été plus sage de laisser dormir son éternel sommeil.

Combien, parmi les publicistes, adversaires acharnés et systématiques détracteurs de ce décret, ont crié, ceux-ci à la *maxima capitis diminutio,* à la décapitation civile de l'Algérie, — ceux-là à la ruine de la colonisation algérienne, — d'autres encore à l'état de siége administratif de la Colonie !

Regrettables excès ! exagérations déplorables que ne sauraient trop réprouver les vrais amis du progrès de l'Algérie !

Pour moi qui, quelles que soient d'ailleurs les suites de l'exécution de ce décret, ne doute pas qu'il n'ait été inspiré par le vif désir de pousser plus que jamais l'Algérie dans une voie de régénération et de progrès, « en apportant dans son administration les améliorations qui comportent l'état du pays et l'intérêt de ses populations (1), » pour moi qui ai appris au Livre (2) de la Vérité et à l'École de l'expérience, à ne « connaître un arbre qu'à ses fruits, » à Dieu ne plaise que je prenne la téméraire liberté d'en apprécier, dès à pré-

(1) Prologue du décret du 7 juillet 1864.
(2) L'Évangile.

sent, l'ensemble et la portée! Au temps seul de révéler ses imperfections comme ses qualités, ses inconvénients comme ses avantages! — En attendant, je dois me résigner à garder un prudent et nécessaire silence.

Pourtant, ne fût-ce que, parce que mon sujet me commande de ne rien négliger de ce qui s'y rapporte, on me pardonnera de toucher en passant, à l'*unique* disposition de cet important document, qui s'occupe des Israélites algériens.

I

Je veux parler d'un texte qui me paraît d'autant plus mériter l'honneur d'être un des premiers signalés à l'attention publique, qu'il est perdu, et pour ainsi dire oublié, à la fin d'un des derniers articles du décret, — l'article 27.

Ce texte, ajouté furtivement, ce semble, et comme après coup, à ses autres dispositions, est ainsi conçu :

« Les Israélites *pourront* y avoir un membre. » (dans le Conseil général).

Et voici en substance les dispositions qui le précèdent :

« Les Conseils généraux sont maintenus... L'élément *indigène devra* désormais entrer, pour un quart au moins, dans la composition de chaque Conseil général. »

Comprenons bien l'économie de notre article :

« Les Conseils généraux sont maintenus. »

Qu'est-ce à dire ?

— Maintenus dans leur nombre? — Sans doute! mais aussi dans leur organisation et dans leurs attributions, — tels qu'ils furent créés et organisés par ou en vertu des décrets des 27 octobre et 14 novembre 1858 ! — maintenus en toutes choses, deux exceptées, objet, l'une et l'autre, de graves dérogations à la législation antérieure :

1º Les généraux commandant les provinces seront, depuis le décret réorganisateur, vis-à-vis des Conseils généraux, ce qu'étaient les préfets avant ce décret;

2º L'élément indigène entrera désormais pour un quart au moins, dans le personnel de chaque Conseil général.

Jusque là, rien de plus clair, rien de plus intelligible pour tous! Mais pour moi, je dois l'avouer comme pour beaucoup d'autres, la phrase finale de notre article est certes bien loin d'être aussi facile à entendre.

« Les Israélites *pourront* y avoir un membre. »

Donc aussi, ils pourront ne pas y en avoir!

— L'argument a *contrario* si dangereux, si peu concluant d'ordinaire, paraît ici irréfutable, surtout si on considère que le législateur, qui se sert du mot *devra* dans la première partie de l'alinéa final de l'art. 27, a remplacé le mot *pourront* dans la seconde.

Et cela est si vrai que, convaincus par cet argument et cette considération, et entraînés par le sens grammatical de cette phrase, de bons et sérieux esprits se sont gravement demandé si, aux deux exceptions que je viens de mentionner, il ne fallait pas en joindre une troisième, — la transformation, ou mieux la dégénérescence en une *faculté* pour le gouvernement, en une *faveur* de la part du pouvoir, du *droit* antérieurement accordé aux Israélites par le décret du 14 novembre 1858, de voir l'un d'eux siéger au sein des Conseils généraux.

II

Est-il vrai, s'est-on dit avec une certaine anxiété, que l'élément israélite ne *devra* plus, comme par le passé, mais *pourra* seulement entrer dans la composition de ces conseils ?

Est-il vrai que le législateur de 1864 a ainsi voulu défaire l'œuvre si rationnelle et si bien raisonnée du législateur de 1852 (1) ?

Eh quoi! est-ce qu'à six ans d'intervalle la population juive algérienne aurait cessé d'être « très-considérable (2) » ?

Est-ce que la France ne professerait plus de nos jours « ces principes de tolérance religieuse, l'une des plus grandes et des plus durables conquêtes » de notre droit public moderne ?

Est-ce qu'à l'heure qu'il est, de même qu'en 1858, « en présence de la diversité de cultes pratiqués en Algérie, il ne serait pas en même temps utile et opportun

(1) Voir dans le *Dictionnaire de la Législation algérienne*, de M. de Ménerville, 2ᵉ édition, p. 41; le rapport en tête du décret du 14 novembre 1858.

(2) Voir *in fine* le rapport du prince Napoléon, d'où nous avons tiré tout ce qui est entre des guillemets.

de manifester par un acte gouvernemental l'égalité des croyances devant nos lois ? »

Est-ce que, contrairement aux prévisions du prince Napoléon, alors chargé du ministère de l'Algérie et des Colonies, les Israélites algériens ne se seraient pas « montrés reconnaissants de la marque de confiance et d'intérêt que leur donna la France en leur ouvrant l'accès des Conseils généraux ? »

Est-ce que leur participation à la représentation administrative de nos provinces ne serait plus réclamée « par les besoins » de la population judæo-algérienne ?

Est-ce enfin que l'expérience aurait prouvé qu'ils ne sont ni capables ni dignes des fonctions des membres d'un Conseil général ?

Voilà, nous l'affirmons, parce que nous l'avons entendu, entendu de nos propres oreilles, voilà ce qu'on s'est demandé, voilà ce qu'on s'est dit en haut lieu, et franchement, ce n'est pas sans raison.

Si on compare la fin de l'art. 27 de notre décret avec le décret du 14 novembre 1858, — si même on s'en tient au sens littéral et vulgaire de cette phrase : « Les Israélites etc., » on arrivera naturellement et logiquement à cette conséquence désolante pour les Israélites d'hier, que le législateur a voulu enlever aux Israélites d'aujourd'hui, leur *droit* de faire partie des Conseils généraux, et substituer à ce droit, jusqu'à ce jour incontesté, et que, pendant six ans, ils ont tranquillement exercé, la *faculté*, pour le gouvernement, de les admettre dans le sein de ces assemblées, ou de les en éloigner à son gré.

Ainsi comprise, la disposition que j'examine aurait véritablement quelque chose d'effrayant pour les Israélites, et

si mes informations sont exactes, je conçois à merveille
qu'ils s'en soient profondément émus.

C'est qu'à tout prendre, et en l'étudiant d'un point de
vue élevé et juridique, ce texte est peu rassurant pour
eux, car, à certains égards, la question qu'il suscite est
une question de vie ou de mort !

Acceptez, en effet, comme vrai, le sens qu'il semble
présenter ? Le nouveau décret leur crée une position administrativement inférieure, non seulement à celle des
Français, cela va de soi, mais encore à celle des Étrangers et des Musulmans indigènes ! Et cette position est
d'autant plus humiliante, qu'elle vient, sans transition
aucune, après un état de choses qui, sous ce rapport, les
plaçait sur le même pied que tous les éléments de la
population algérienne.

Et à quel moment, je vous prie, la leur créerait-t-on
cette position ?

Au moment solennel entre tous, dans la vie sociale
d'un peuple, d'une agrégation d'individus de même race
et de même religion, où, de par la jurisprudence large
et progressiste de plusieurs tribunaux d'Algérie, de la
Cour d'Alger et de la Cour de Cassation, — jurispru-
prudence qui, par excès d'assimilation civilisatrice, a
violé peut-être les vrais et rigoureux principes de notre
droit civil privé, — les Juifs de l'ancienne Régence ont
été reconnus, déclarés, proclamés *Français*, et par là
élevés à la dignité d'hommes libres, d'associés de la
France, — j'allais dire de citoyens français ! !

Mais cela est-il possible ?

Est-il possible qu'après la possession publique, paisi-
ble, continue, incontestée, pendant six ans, d'un droit de

représentation provinciale accordé par un décret parti-
culier, et pour des raisons qui, de nos jours, ont plus
de force encore que le jour de sa publication, est-il possible que, d'un trait de plume, le législateur ait effacé
la ligne d'assimilation progressive avec la France, dont
l'Israélite algérien allait atteindre l'extrémité suprême?

Est-il possible qu'ainsi parvenu, grâce à une naturalisation tacite, aux portes d'une sorte de grande naturalisation, et à la veille de se reposer côte à côte avec les
Français d'origine et ses co-religionnaires d'outre-mer,
sur le cœur maternel de la France, celle-ci, marâtre im-
pitoyable, l'en ait rejeté comme un usurpateur et un
intru!

Non, mille fois non!

La France, nul ne l'ignore, n'aime pas à détruire
d'une main l'édifice de civilisation qu'elle a construit de
l'autre, et l'univers entier sait que là où elle a planté l'ori-
flamme du progrès, elle ne permet à personne, — à
elle-même — moins qu'à qui que ce soit, de la reculer,
de la renverser ou de l'enlever.

Donc, que les Israélites se rassurent! Ce qu'ils étaient
avant, ils le sont depuis le décret! Si, plus heureux,
les Musulmans y ont beaucoup gagné, eux, tout au
moins, n'y ont rien perdu, et il est si vrai qu'ils n'ont
pas fait un pas en arrière, qu'implicitement, sinon expli-
citement, ils ont, tout au contraire, fait un pas en avant.

C'est ce que je vais démontrer.

III

De trois choses l'une :

Ou l'Israélite est indigène ;

Ou il est étranger ;

Ou il est français.

Impossible de sortir de là!

Or, dans ces trois hypothèses, je dis que, sous l'empire du décret du 16 juillet 1864, son droit de nomination au Conseil général, est le même que sous celui du décret du 14 novembre 1858.

Je dis le *droit*, car je ne compterais pour rien, ou presque rien, la simple *possibilité*, *l'éventualité* pour lui de devenir membre du Conseil général à la volonté, *ad arbitrium*, de l'Administration, si juste, si bienveillante qu'elle soit d'ailleurs, et je suis convaincu qu'elle le sera autant qu'elle peut l'être.

Une faveur n'est pas un droit, une faculté n'est pas un devoir. Le droit et le devoir sont et doivent être fixes et obligatoires comme la loi, tandis qu'une faveur ou une faculté est ou peut-être inconstante et arbitraire comme la volonté de l'homme.

IV

Et tout d'abord, veut-on que l'Israélite algérien soit indigène, *indè genitus*, comme le veut la vérité géographique et historique, — comme le veulent la plupart des textes de la législation algérienne, surtout depuis 1834 jusqu'en 1860, — comme l'a plusieurs fois jugé la Cour d'Alger, ajoutons même, — comme paraît l'indiquer la combinaison des deux dernières dispositions de l'art. 27 de notre décret? Eh bien ! soit, et quoique nous puissions facilement, irréfragablement, prouver le contraire, ainsi qu'on le verra bientôt, posons, puisque vous le voulez, comme certain et indubitable, un point de discussion qui est, au moins, problématique.

Oui, l'Israélite est indigène ! Mais alors, j'en appelle à la bonne foi de tout lecteur attentif, si le législateur n'a pas voulu accorder aux Israélites les mêmes droits qu'aux Musulmans, si son intention a été de ne pas agrandir, en leur faveur, le cercle étroit tracé autour d'eux par le décret de 1858, — que devait-il faire, après avoir dit en termes formels et précis, trop précis, suivant moi, que l'élément indigène *devra* désormais entrer pour un quart au moins dans la composition de chaque Conseil général?

Ce qu'il devait faire? — Eh! mon Dieu! ce qu'il a fait!

Comme, dans le cas où il n'eut rien dit, on eût pu se demander si les Israélites, étant indigènes, eux aussi, de même que les Indigènes proprement dits ou les Musulmans, seraient admis au Conseil général, dans une proportion égale, ou inférieure à celle des Musulmans, ou, en toute hypothèse, dans une proportion supérieure au nombre *un*, déterminé dans le décret précité, il s'empressera d'expliquer sa pensée de manière à prévenir toute équivoque, à couper court à toute interprétation, à rendre tout doute impossible, et il dira, en

effet, en faisant allusion à ce décret : « Les Israélites
pourront y avoir un membre. »

Disposition nécessaire, et sans laquelle on eût été fondé
à penser que les nouveaux Conseils généraux de l'Algérie
pourraient certainement compter — en *droit*, un nombre
égal, — *en fait*, à cause principalement de l'infériorité
numérique des Israélites vis-à-vis des Musulmans, un nombre inégal de Musulmans et d'Israélites, — double résultat que l'auteur du décret n'a pas voulu, pour des
raisons de haute et sage administration que tout le
monde comprend et approuve, et qui se déduisent en
même temps de la situation numérique et du passé politique, administratif et social des Israélites en face des
Musulmans, dans la Régence d'Alger et dans l'Algérie !

Disposition d'autant plus nécessaire, que rapproché de
de ces termes, « l'élément indigène » le mot *israélite*,
dans l'art. 27, ne peut s'entendre que d'une fraction de
la population née, dans l'origine, sur le sol algérien,
d'une fraction des habitants aborigènes, et pour ainsi
dire autochtones, de l'Algérie, — si bien que, sous peine
d'induire dans une grave erreur, et de donner naissance
à des interpellations diverses et à des contestations nom-
breuses, il était nécessaire que le législateur traçât lui-
même la ligne de démarcation qui devait séparer, au
point de vue administratif, le Musulman de l'Israélite, et
servir de limite au droit, en quelque manière, illimité,
dont, sans elle, l'Israélite aurait pu, non sans apparence
de raison, prétendre être légalement en possession.

Je dis *non sans apparence de raison*. Et, en effet, n'est-
il pas de principe qu'une loi nouvelle ne déroge à une
loi ancienne, qu'autant que ces deux lois sont inconci-

liables entre elles, ou que la nouvelle déroge expressément textuellement, à l'ancienne? Or, ce principe, incontestablement applicable, en droit, dans la circonstance actuelle, n'est-il pas tout aussi incontestablement applicable en fait ? — Qu'on me cite un seul motif du décret du 24 novembre 1858 (lequel a appelé les Israélites indigènes à l'honneur d'occuper un siége dans les Conseils généraux), qui ne puisse, *à fortiori*, être encore invoqué aujourd'hui !

Serait-ce le nombre des Israélites ? — Mais, de l'aveu de tous, il est plus considérable.

Serait-ce notre tolérance religieuse ? — Mais je ne sache pas que la France se soit en rien départie de ses régles de tolérance ?

— La nécessité de leur donner un représentant de leurs besoins et de leurs intérêts parmi les Conseils généraux ? — Mais cette nécessité, en raison directe du développement numérique et civilisateur de la population israélite, n'est-elle pas plus impérieuse qu'elle ne le fut jamais ?

— La reconnaissance de cette population pour les bienfaits de la France, son incapacité, ou son indignité d'en jouir ? — Qu'on m'indique un seul acte d'ingratitude, de déférence, d'indocilité ou de résistance de sa part à nos efforts assimilateurs !

Nul doute donc que, d'une part, l'absence de tout motif juridique et de tout fait matériel ou moral qui exigeât ou provoquât l'abrogation du décret du 24 novembre, et, d'autre part, qu'en présence de l'art. 29 « toutes dispositions contraires au présent décret, sont et demeurent rapportées, » le décret ne fût resté debout, sans que le législateur de 1864 eût besoin de le dire.

Jusqu'à présent, j'ai raisonné comme si l'Israélite algérien était indigène. — Mais je soutiens qu'il ne l'est pas, en ce sens que, sous cette dénomination, le décret n'a pas compris indistinctement l'Israélite et le Musulman.

C'est ce qui résultait déjà du décret du 14 novembre 1858, et l'art. 17 du décret du 27 octobre de la même année avait dit que les membres des Conseils généraux seraient choisis par les notables européens et *indigènes*. — Et *indigènes!* Et cependant, preuve certaine que par ce mot le décret ne comprenait pas les Israélites, quinze jours plus tard, un autre décret était rendu, pour déclarer que les Israélites, eux aussi, feraient partie de ces Conseils !

C'est ce qui résulte encore, et avec évidence, d'abord du rapport qui précède le décret du 7 juillet dernier. Ce rapport, pensé avec une hauteur de vues et écrit avec une fermeté de style remarquables, ne dit rien des Israélites, ni même, chose singulière ! de la disposition les concernant, qui fait l'objet de ce travail, bien qu'il ait pour but d'en révéler l'esprit et d'en expliquer la lettre.

Au contraire, il parle, à plusieurs reprises, d'indigènes soulevés par le fanatisme; d'indigènes à peine représentés dans les Conseils généraux, soumis, en territoire militaire, à un régime différent de celui qui est appliqué aux indigènes du département; d'indigènes retrouvant, dans l'autorité militaire, une administration armée de la force qu'il faut opposer à une population guerrière ; de populations indigènes, habitant en territoire militaire, administrées par l'intermédiaire spécial des bureaux arabes, placées sous le commandement du général, — autant d'expressions et de phrases se résumant dans les deux mots : « l'élément indigène, » que nous lisons dans l'art. 27.

Est-ce tout ? Non certes ! Il résulte même de ce rapport, que le législateur de 1864, au lieu de rétablir l'ancienne division d'habitants de l'Algérie, — en Français, étrangers, musulmans et juifs, — ne s'est préoccupé que de deux éléments plus généraux et plus tranchés de la population algérienne : les Indigènes ou Arabes, et les Européens.

Or, Européens veut dire ici Français ou assimilés aux Français, et Étrangers, et comme dans cette classification bi-partite, il n'y a pas place pour les Israélites, et que les Israélites ne sont ni indigènes, ni étrangers, il suit de là qu'ils sont Français.

Venons maintenant au texte même du décret.

Et, avant tout, qu'on me permette ici une observation préliminaire :

Le rapport, ou si vous aimez mieux, l'exposé des motifs d'un acte législatif, en est, en quelque sorte, l'œil. Par lui on le voit, on l'apprécie. Mais si utile qu'il soit, il ne peut pourtant pas remplacer cet acte lui-même. C'est cet acte, c'est son texte surtout qu'il faut interroger. S'il ne peut donner moins que ne montre le rapport, à coup sûr il peut donner davantage.

Interrogeons-le donc pour savoir ce que sont, d'après lui, les Israélites d'Algérie.

Son préambule parle de « populations algériennes. » Le corps même de son texte nous dira sans doute quelles sont ces populations.

Lisons ses articles 11, 12, 24 et 28 ! Il y est question de Français, d'Etrangers et d'Indigènes, ces derniers régis, les uns par des institutions civiles, les autres soumis à l'autorité militaire et gouvernés par l'intermédiaire des bureaux arabes ! — Mais des Israélites, pas un mot, un seul mot ! Leur nom n'est pas même inscrit dans ses différents articles, Qu'en conclure? Le législateur, qui, en même temps qu'il a établi cette triple catégorie de Français, d'Etrangers et d'Indigènes, a divisé les habitants de l'Algérie en deux grandes fractions, les Européens ou colons, et les Indigènes ou Arabes, — le législateur, dis-je, n'ignorait pourtant pas que les Israélites formaient, au milieu d'eux, une population d'environ trente mille âmes, répartie sur toute la surface de l'Algérie, — assimilée, dès le début de la conquête, aux Musulmans compris comme eux, malgré leur différence de religion, sous une seule et même dénomination ethnographique, celle d'*Indigènes* — ayant rang, comme les Musulmans, dans les Conseils municipaux, — ne se distinguant plus, ou presque plus, depuis plusieurs années, des autres populations algériennes, que par leur religion et leur culte ; il n'ignorait rien de tout cela ! Et cependant il n'a parlé des Israélites que pour dire : Ils pourront avoir, comme ils l'avaient déjà depuis 1848, un de leurs coreligionnaires dans les nouveaux Conseils généraux, Pourquoi son silence à leur égard n'a-t-il été rompu que dans l'art. 27 ? Je l'ai déjà dit : Parce qu'ils ne sont ni indigènes, ni considérés comme tels.

V

Arrivons à la deuxième branche de notre dilemme.

Si les Israélites ne sont ni Indigènes, ni assimilés aux Indigènes, que sont-ils donc?

Sont-ils Français?

Sont-ils Etrangers?

Etrangers! Mais, malgré les systèmes divers émis sur la qualification des Israélites algériens sous le rapport de la nationalité, personne ne s'est encore avisé de soutenir qu'ils le sont!

Et pourquoi le seraient-ils? L'étranger, *extra neus*, n'est-il pas celui qui a son berceau, sa famille, la tombe de ses aïeux sur une terre autre que celle qu'il habite à un moment donné! L'étranger, n'est-ce pas l'homme régi, sinon par une loi personnelle, du moins soumis à une souveraineté politique autre que la loi qui le régit et la souveraineté qui le gouverne dans sa terre natale, dans sa patrie? Assurément, d'après nous (1), l'Israélite a, il est vrai, un statut personnel qui n'est pas le statut personnel français. Mais, sauf cette exception aux principes généraux en matière de nationalité, exception qui tient à des circonstances particulières et provisoires, il ne connaît pas d'autre souveraineté que celle de la France, il fait partie de l'unité nationale de la France.

(1) V. notice *Mariage de l'Israélite algérien.*

Israélite de religion, il n'en est pas moins Français d'adoption.

Il n'est donc pas étranger. Au reste, le fût-il, le législateur n'aurait pas moins eu besoin de limiter le nombre de ses représentants dans les Conseils généraux, les Etrangers, de même que les Français et les Indigènes, pouvant y entrer pour un nombre indéterminé.

Ni Indigène, ni Etranger, qu'est-il donc?

Car, enfin, il est quelque chose, puisque le décret prévoit et déclare qu'il pourra avoir un des siens au Conseil général.

Or, s'il est vrai qu'il ne soit ni indigène, ni étranger, s'il est tout aussi certain qu'il n'est ni colon, ni arabe, n'est-il pas légitime, logique, nécessaire de conclure que, civilement et administrativement parlant, il est, et il ne peut être que Français ou assimilé aux Français, qu'Européen ou assimilé à l'Européen.

Cette conclusion, le rapport du décret, le décret lui-même, la proclame. Une jurisprudence toute récente la consacre, et l'art. 27, dans sa partie finale, la contient.

Or, qu'on le remarque bien! Ce que j'ai dit plus haut dans l'hypothèse de *l'indigénat* et de *l'extranéité* de l'Israélite, je puis le répéter dans l'hypothèse de sa naturalisation française, ou de sa *francisation*.

Ici encore, le législateur, pour préserver de toute erreur, et en se fondant sur les motifs de haute administration, devait faire la même déclaration, c'est-à-dire limiter d'avance le nombre de Français Israélites pouvant être membres d'un Conseil général.

Et, en effet, que cette déclaration n'eût pas été faite ! On n'eût pas manqué de se dire : — Puisque l'Israélite est français, qu'est-ce qui empêcherait l'entrée, dans la composition du Conseil général, d'autant de Français israélites que de Français chrétiens ? Il est Français, cela suffit. Français israélite, de même que le Français catholique ou protestant, il peut indistinctement en faire partie.

Comment échapper à cette conséquence ? Faut-il le redire? Par une limitation contraire à la logique, mais conforme aux intérêts administratifs de l'Algérie, ôtant tout prétexte à interprétation par ces simples mots : « Les Israélites pourront avoir un membre dans le Conseil général. »

Voilà le vrai motif de cette disposition !

N'en cherchez pas d'autre ! Par elle, le législateur n'a pas voulu porter atteinte aux bases fondamentales d'une institution qu'il déclarait maintenir; il n'a pas voulu davantage créer un droit nouveau. S'il en avait été ainsi, il l'eût dit en termes formels. Il n'a donc voulu qu'une chose : restreindre, limiter la portée d'un principe qui, en présence de l'une des deux dérogations faites au droit antérieur, eût infailliblement amené une conséquence logiquement vraie, mais administrativement erronée. Il s'est expliqué sur une question de nombre et non sur une question de fond; sur le nombre de personnes appelées à exercer un droit, et non sur l'existence de ce droit lui-même. Il a purement et simplement confirmé son œuvre.

Prétendrait-on le contraire ? Dirait-on, ce qui est précisément en question, que notre disposition était nécessaire pour changer en une faveur révocable, au gré de l'administration, ce qui, auparavant, était un droit absolu?

Mais, alors, pourquoi des expressions, des tournures de phrases incertaines, susceptibles de sens opposés ? Pourquoi, oubliant des formes de langage qui lui sont familières, n'a-t-il pas, comme dans une multitude de textes de nos codes et de la législation algérienne, ajouté ces locutions bien connues : « s'il y a lieu, s'il y échet, suivant les circonstances, » ou toutes autres de ce genre, de nature à n'autoriser aucun doute sur sa véritable pensée ? — Quoi donc ? Suivant vous, armé du décret actuel, — de l'Israélite algérien qui était quelque chose hier, vous pouvez faire un zéro demain ? Et ce droit nouveau, il ne serait pas clairement, nettement formulé ! !

Certes, nous en avons pour garant les études préalables qui l'ont préparé ! Le décret du 7 juillet n'est pas une œuvre de précipitation : il est le résumé, le résultat de nombreux travaux sur toutes les questions d'administration algérienne, et l'accuser d'inattention ou de légéreté, ce serait le calomnier.

Assurément, le rédacteur de la fin de l'art. 27 pouvait être plus clair et plus net. Il pouvait dire : « les Israélites continueront d'avoir un membre, ou — plus expressément encore, — de n'avoir qu'un membre dans le Conseil général, » et, pour ma part, cette rédaction m'eût paru de beaucoup préférable. Mais, cependant, je ne crains pas de l'affirmer, telle qu'elle est, je la trouve assez précise pour ne pas être taxée de confusion, assez évidente pour permettre d'en voir toute la portée.

Mais peut-être en doutez vous ! — Soit ! Mais n'est-ce pas ici le cas d'appliquer cette philosophique règle de droit romain : *Semper in ambiguis quod benignius est sequimur !* Oui, dans le doute, il faut, la raison, la vérité et le droit l'ordonnent, il faut opter pour l'interprétation la plus humaine, la plus favorable, la plus bienveillante !

Or, cette interprétation, savez-vous la solution qu'elle réclame? La solution que nous croyons la plus conforme et au droit et à la raison, et qui veut que la situation juridique des Israélites algériens vis-à-vis des Conseils généraux n'ait reçu aucune atteinte du nouveau décret. — Eh! où en seraient-ils, grand Dieu! si la solution contraire pouvait prévaloir? Pendant six ans, ils auraient exercé un droit important par sa nature, mais plus important encore par ses conséquences, parce que, dans l'ordre des choses administratives, il les élevait au même niveau que les Musulmans, que les Étrangers, que les Français. Et aujourd'hui que les Musulmans voient leur droit (le même droit) étendu, augmenté, quintuplé, qui sait? décuplé peut-être ; aujourd'hui, qu'au lieu de deux membres des Conseils généraux, ils peuvent en avoir quatre, huit, seize, vous feriez dépendre de la seule volonté du pouvoir *leur be or not to be* administratif! vous les feriez rétrograder jusqu'aux premières années de la conquête! vous leur infligeriez une espèce d'ostracisme !

Non, telle n'a pas été, telle n'a pas pu être la volonté du législateur de 1864. Ce qui était debout avant lui, il n'a pas voulu le démolir. S'il l'avait voulu, il eût dit franchement pourquoi dans son rapport, il l'eût déclaré formellement dans son décret. Son silence dans l'un, l'obscurité de son langage dans l'autre, je ne veux rien de plus pour le triomphe de ma thèse.

VI

Résumons-nous et concluons.

A quelque point de vue que l'on se place, qu'on voie dans les Israélites algériens des Européens, des Indigènes, des Etrangers ou des Français, ils conservent, sous le décret de 1864, le droit de représentation provinciale qui leur avait été accordé par le décret de 1858.

Indigènes, ce droit leur appartient incontestablement. Comment, sans eux, l'élément indigène serait-il pleinement représenté dans les Conseils généraux? Pourquoi ne jouiraient-ils pas du droit commun, dans une certaine mesure?

Etrangers, où est le texte de loi qui les exclu de la participation à ce droit? — Ce texte n'existe nulle part, et en matière d'exclusion, pas plus qu'en matière pénale, un texte ne peut se suppléer.

Français ou assimilés aux Français, on pouvait limiter le nombre de leurs représentants, mais non les supprimer. En tous cas, pareille suppression serait au moins douteuse, et le doute, en pareille occurence, doit être interprété en faveur des possesseurs du droit qui en est l'objet. Où est d'ailleurs, je ne dis pas le texte, mais le fait, mais le motif, moins que cela, la simple considération qui aurait dû ou pu amener ou provoquer l'abrogation de ce droit?

Et qu'on ne dise pas qu'après tout, si les Israélites

sont Français, la reconnaissance de cette qualité, toute civile, par la jurisprudence, doit leur suffire, parce qu'elle rachète largement la qualité, toute administrative, de membre d'un Conseil général ! D'abord, si précieuse qu'elle soit, c'est la jurisprudence, ce n'est pas la loi qui les en revêt aujourd'hui, — de sorte qu'une jurisprudence contraire pourrait les en dépouiller demain, sans qu'ils eussent le droit de se plaindre. — Et puis, à être privé d'un droit lentement et laborieusement acquis, justement sanctionné sans équivoque et sans incertitude, par un acte législatif, — encore faut-il ne l'être que par un autre acte législatif qui ne soit ni ambigu, ni obscur ! — Même restreint, même limité, même réduit à son expression la plus simple, le droit commun est chose trop précieuse pour qu'on consente, sans sourciller, à en subir la privation ! Oh ! sans doute, il n'est pas de principe rigoureusement absolu en ce monde ! Comme tout principe, le droit doit quelquefois fléchir et plier devant le fait, et alors c'est sagesse de l'accepter dans son imperfection ! Mais fléchir n'est pas tomber, plier n'est pas rompre, et le moins que puisse faire l'homme menacé de perdre un droit, jusque là circonscrit par des circonstances impérieuses, c'est d'élever la voix vers le législateur, et de lui demander respectueusement, le *fiat lux* de sa pensée.

Donc, je vous le répète, Fils de Jacob qui habitez sur le sol algérien, rassurez-vous ! Pas de vaines alarmes ! Ne croyez pas prématurément et follement à l'incendie de votre siége aux Conseils généraux, quand rien ne prouve encore qu'il ait été atteint par la plus légère étincelle ! — N'en doutez pas ! Ce que vous étiez, vous ne cesserez pas de l'être, et loin de reculer vers un humiliant passé, vous avancerez à grands pas vers un glorieux avenir. Courage donc et patience, ô descendants de celui qui lutta contre Dieu lui-même, Israël, *fort contre Dieu*, votre décret de 1807 approche ! Devant lui, disparaîtront comme les pâles clartés de la lune devant les splendides rayons du soleil, les mille obstacles semés sur le chemin de « votre pélérinage ! »

Oui ! cet espoir repose dans mon sein (1). — Oui ! grâce au génie assimilateur de la France, à votre aptitude et à vos efforts d'incorporation et de fusion avec elle ; — grâce à une jurisprudence, digne interprète de ses généreuses pensées ; — grâce enfin à la force des choses, je vois déjà poindre l'aurore du jour où au droit exceptionnel qui trop longtemps vous a régis, succédera le droit commun, et à l'anomalie née du fait accidentel et transitoire, la règle dérivant du *droit nécessaire et permanent*.

Que vous manquera-t-il alors ? Lycée (2), Prétoire, Barreau (3), Milice, Édilité, *Forum* provincial, déjà tout vous est ouvert, tout vous est accessible. — Enfants de la France, votre mère ne peut ni ne veut rien vous refuser, — non ! rien... pas même son *Forum national*, — si, un jour, elle croit pouvoir en doter l'Algérie !

(1) Job. *Requiela est hæc spes in sinu meo.*
(2) Deux Israélites du collége d'Alger viennent de remporter le premier prix, l'un de *discours latin*, l'autre de *discours français*.
(3) M. Enos, tout récemment nommé ...sseur à Sétif.

Constantine. — Typ. Alessi et Arnolet.